E-CLIP ⑥

감성적 창의 주도성 향상 프로그램

자아존중감을 알아보자

Self-esteem

E-CLIP ⑥

감성적 창의 주도성 향상 프로그램

자아존중감을 알아보자

Self-esteem

초판 1쇄 인쇄 2022년 8월 8일
초판 1쇄 발행 2022년 8월 8일

지은이 송인섭
펴낸이 김선식

경영총괄 김은영
책임편집 박슬기 **디자인** 차다운 **책임마케터** 이석원
연구개발팀장 김재민 **연구개발팀** 박슬기, 차다운, 장민지, 조아리
콘텐트리팀 김길한, 임인선, 이석원, 윤기현
저작권팀 한승빈, 김재원, 이슬
재무관리팀 하미선, 윤이경, 김재경, 오지영, 안혜선
인사총무팀 김혜진, 황호준
제작관리팀 박상민, 최완규, 이지우, 김소영, 김진경, 양지환
물류관리팀 김형기, 김선진, 한유현, 민주홍, 전태환, 전태연, 양문현, 최창우

펴낸곳 다산북스 **출판등록** 2005년 12월 23일 제313-2005-00277호
주소 경기도 파주시 회동길 490
전화 02-704-1724 **팩스** 02-703-2219 **이메일** dasanbooks@dasanbooks.com
홈페이지 www.dasanbooks.com **블로그** blog.naver.com/dasan_books
다산전인교육캠퍼스 www.dasaneducation.co.kr
종이 IPP **인쇄** 민언프린텍 **제본** 국일문화사

ISBN 979-11-306-9113-8 (64370)
　　　979-11-306-9107-7 (세트)

- 책값은 뒤표지에 있습니다.
- 파본은 본사 또는 구입하신 서점에서 교환해 드립니다.
- 이 책은 저작권법에 의하여 보호를 받는 저작물이므로 무단 전재와 복제를 금합니다.
- KC마크는 이 제품이 공통안전기준에 적합하였음을 의미합니다.
- 아이들이 책을 입에 대거나 모서리에 다치지 않게 주의하세요.
- 이 책의 인물 명칭 중 한국 인물은 성과 이름을 모두 포함하였고, 외국 인물은 다산북스 학습 만화《who?》를 따랐습니다.

AI 시대 자기주도학습 세계적 권위자 송인섭 교수의 20년 연구 완결판!

다산스마트에듀

1. 송인섭 교수

　세계적인 자기주도학습법 권위자인 송인섭 교수는 숙명여대에서 35년 간 교수로 재직했으며, 현재 동 대학교 명예교수이자 다산전인교육캠퍼스 원장을 맡고 있습니다. 또한 한국교육심리연구회 회장, 한국교육평가학회 회장, 한국영재연구원 원장과 AERA(American Educational Research Association)에서 발행하는 학술지의 논문심사위원을 역임했으며, 70여 권의 교육 저서를 집필했습니다.

　송인섭 교수는 주입식 교육이 일반적이었던 한국 교육에 자기주도학습이라는 개념을 최초로 도입해 확산하였으며, EBS 〈교육실험 프로젝트 - 스스로 공부하는 아이 만들기〉, 〈공부의 왕도〉, 〈교육 마당〉 등에 출연하여 자기주도학습의 효과를 입증하였습니다. 그리고 이 내용을 담은 《공부는 전략이다》는 부모 및 교육 관계자들에게 수십만 부 이상 판매되며, 교육계에 새로운 패러다임을 가져왔습니다. 이후로도 20여 년간 《공부는 실천이다》, 《와일드》, 《혼공의 힘》 등 교육 분야의 도서를 출간하고 자기주도학습 강연을 하며 한국 교육을 이끌고 있습니다.

　또한 송인섭 교수는 다양한 학습 프로젝트를 수행하며 수십만 명이 넘는 학생과 학부모, 교사를 만나 자기주도적 공부 전략을 소개하고 상담했습니다. 이 과정에서 많은 아이가 공부에 실패를 겪고 상처 받는다는 공통점을 발견하였습니다. 아이들은 자신에게 맞는 공부법만 찾으면 충분히 극복할 수 있는 문제임에도 해결 방법을 몰라 고민하고 있었습니다. 이들을 위해 송인섭 교수는 수십만 건의 실제 학습 문제 상황을 수집하고 연구하였습니다. 그 결과 자기주도학습을 바탕으로 각자의 상황에 맞춰 공부하는 힘을 기르는 새로운 학습 프로그램인 《E-CLIP》을 개발하였고, 이 프로그램을 여러 심리 센터에 적용해 높은 성과를 얻고 있습니다.

'**E-CLIP**(Emotional Creative Leadership Improvement Program)'은 실제 교육 현장에서 총 8,950명의 학습자를 대상으로 20년 동안 관찰과 실험, 상담을 통해 얻은 빅데이터로 개발한 '감성적 창의 주도성 향상 프로그램'입니다. 프로그램 연구와 개발에는 자기주도학습법 권위자 송인섭 교수와 다수의 교육심리학 전문 연구진이 참여했습니다.

2. 심리 검사 및 교재 연구

전문 연구 위원(가나다순)

- 김수란 우석대 교수
- 김희정 대구대 교수
- 성소연 호서대 교수
- 이희연 한국교육개발원 책임
- 정유선 아주대 교수
- 최지혜 을지대 교수

- 김누리 목포해양대 교수
- 남궁정 숙명여대 교수
- 안혜진 수원여대 교수
- 정숙희 숙명여대 교수
- 최보라 숙명여대 교수
- 한윤영 숭실대 교수

- 김은영 루터대 교수
- 박소연 숙명여대 교수
- 육진경 루터대 교수
- 정미경 한경대 교수
- 최영미 한경대 교수

3. 심리 검사 및 교재 개발

개발 총괄

- 김영아 다산전인교육캠퍼스 부원장

개발 위원

- 이상섭 건양대학교병원 의학과
- 최이선 닥터맘심리연구소 소장

E-CLIP

Emotional Creative Leadership Improvement Program

감성적 창의 주도성 향상 프로그램

4차 산업혁명 시대에 사회가 바라는 인재상과 역량은 기존과는 전혀 다릅니다. 현존하는 많은 직업이 인공지능(AI)으로 대체되고, 새로운 직업군이 만들어지는 등 직업의 개념이 바뀔 것입니다. 우리는 이런 변화에 대처하기 위해서는 자신만의 특성을 찾고 고유한 능력을 개발해야 합니다. 4차 산업혁명 시대를 대비해 '나는 누구인가?', '나는 어떤 능력을 준비해야 하는가?'에 대한 고민이 필요하며, 그 물음에 대한 해답이 바로 'E-CLIP'입니다.

'E-CLIP'은 자기주도학습의 최고 권위자 송인섭 교수와 수십 명의 연구진이 20년 동안 개발한 '자생력 기반 자기주도학습 프로그램'으로 학습자 고유의 감성적 창의성을 계발하여 스스로 자신이 처한 환경 전반을 이끌어 갈 수 있는 인재를 기르는 교육입니다. E-CLIP의 바탕을 이루는 '자생력(감성적 창의성)'은 하늘에서 뚝 떨어진 새로운 개념도 천재적인 번뜩임 같은 특출한 능력도 아닙니다. 누구나 교육으로 익힐 수 있는 능력입니다. '자생력(감성적 창의성)'은 공부의 기틀을 다지는 힘이며 이것은 기계와 차별화되는 인간만의 본성인 감성에 일상의 다양한 문제와 활동을 새롭게 배열하고 통합하고 연결하는 창의성을 더한 개념입니다. 즉, 인공지능에는 없는 인간다움, 인간만이 할 수 있는 능력인 생각하는 능력, 상상력, 문화, 예술, 철학, 역사의식, 신념과 꿈을 실현하려는 확고한 의지 등이 바로 '자생력(감성적 창의성)'입니다.

E-CLIP 학습자가 된다는 것은 첫째, 학습의 주도권이 외부 환경으로부터 학습자에게 옮겨오는 것을 뜻합니다. 학업 성취 수준과 관계없이 스스로 학습하는 습관을 형성하고 위기를 극복하는 내적인 힘을 키우는 것입니다. 이 내적인 힘은 학습자가 경험하는 다른 상황에도 전이되어 학습자의 내면적 성장을 돕습니다. 둘째, 학습 성향 진단을 통해 문제점을 보완하고 자신에게 맞는 방향을 찾아 잠재 능력을 개발할 수 있습니다. 셋째, 학습자들은 학습 행동을 주도하는 과정을 통해 학습 몰입 경험을 하게 되며 자기 생각을 표현하고 다른 사람과 소통할 수 있는 능력을 기르게 됩니다. 이렇듯 자생력을 기반으로 하는 E-CLIP은 자신의 목표와 가치를 온전히 펼칠 수 있는 최선의 방법이며 전인적 자아실현을 통해 행복한 삶의 길을 열어 줄 것입니다.

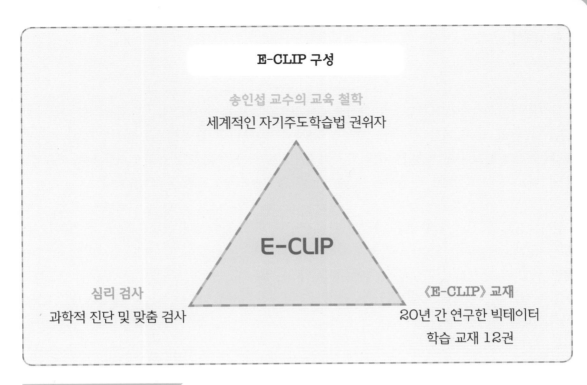

E-CLIP 구성

송인섭 교수의 교육 철학
세계적인 자기주도학습법 권위자

E-CLIP

심리 검사
과학적 진단 및 맞춤 검사

《E-CLIP》교재
20년 간 연구한 빅테이터
학습 교재 12권

송인섭 교수의 교육 철학

세계적인 자기주도학습법 권위자

송인섭 교수는 지나친 사교육으로 교육의 본질에 대한 심각한 문제가 대두되던 시기에 자기주도학습을 통해 한국 교육에 변화를 불러일으켰습니다. 그 후 수십 명의 전문 연구진과 교육심리학 이론을 배경으로 학습자들을 개별 관찰, 상담하며 학습자가 공부를 하는 이유와 배경이 무엇인지 찾는 과정에서 자생력이라는 개념을 새롭게 정의했습니다.

송인섭 교수의 교육 철학이 그대로 담긴 자생력은 인간만의 고유한 능력인 감성에 창의성을 겸비한 것으로, 심리학에서 가져온 개념입니다. 자생력의 뿌리가 되는 구성인자는 통찰력 있는 창의성, 통찰력 있는 융합, 통찰력 있는 리더십입니다. 통찰은 개개인의 능력이나 환경에 좌우되지 않고 경험의 축적과 노력 여하에 따라 향상될 수 있는 지극히 감성적인 요소입니다. 통찰 위에 창의적인 생각이 움트고, 정보와 지식을 연결하는 융합적 사고와 사회적 리더십을 발휘할 때 비로소 자생력이 완성됩니다.

이를 바탕으로 개발된 'E-CLIP'은 세계적인 자기주도학습법 권위자 송인섭 교수의 20년 연구 결정체입니다. 자생력을 과학적으로 측정하기 위한 심리 검사와 자생력을 증진하고 계발하기 위한 《E-CLIP》교재의 상호작용을 통해 학습자의 '공부하는 힘'을 향상시키고 있습니다.

과학적 진단 및 맞춤 검사

심리 검사는 학습자가 가지고 있는 '감성적 창의 주도성' 수준을 과학적으로 진단해서 현재 강점과 약점을 확인하는 도구입니다. 학습자의 특성을 정확하게 진단하고 이를 토대로 교육 프로그램을 이수하는 데 목적이 있습니다. 학습자는 심리 검사의 개인 맞춤형 성향 분석 및 결과를 바탕으로, 교육심리 전문가와의 1 대 1 상담을 통해 학습 문제를 이해하고 학습 방향을 설계할 수 있습니다.

검사는 종합적 자생력 검사 1종과 동기, 인지, 몰입, 자아존중감 등 개별 검사 5종으로 구성되어 있습니다. 동기 검사는 《E-CLIP》 1권, 인지 검사는 《E-CLIP》 2권과 3권, 동기 심화 검사는 《E-CLIP》 4권, 몰입 검사는 《E-CLIP》 5권, 자아존중감 검사는 《E-CLIP》 6권과 연결되어 있습니다. 그리고 종합적 자생력 검사는 《E-CLIP》 1~12권에 나오는 모든 특성을 점검할 수 있는 검사로, 《E-CLIP》 시작 전과 후에 각각 검사하면 학습자의 '감성적 창의 주도성' 변화를 알아볼 수 있습니다.

심리 검사 방법

심리 검사는 간편하고 빠르게 개인별 수준을 점검할 수 있는 'Short-Form 무료 검사'와 표준화된 검사 시스템인 'Long-Form 심층 검사'로 나눕니다. 각 검사의 이용 방법은 아래와 같습니다.

Short-Form 무료 검사

다산전인교육캠퍼스 홈페이지(www.dasaneducation.co.kr)에서 PDF 다운로드를 통해 무료로 검사할 수 있습니다. 즉각적인 진단을 통해 바로 《E-CLIP》 학습을 원하는 경우에 추천합니다.

PDF 다운로드
www.dasaneducation.co.kr 접속 〉 심리 검사 〉 Short-Form 무료 검사

Long-Form 심층 검사

다산전인교육캠퍼스 홈페이지(www.dasaneducation.co.kr)에서 오프라인 심층 검사를 신청할 수 있습니다. 전문적인 검사로 학습자의 특성을 깊이 있게 파악하고, 전문가의 상담을 원하는 경우에 추천합니다.

신청 및 이용 방법
www.dasaneducation.co.kr 접속 〉 심리 검사 〉 Long-Form 심층 검사

《E-CLIP》 교재

20년 간 연구한 빅데이터 학습 교재 12권

　《E-CLIP》은 송인섭 교수가 전문 연구진들과 8,950명의 학습자를 대상으로 20년 간 연구한 결과물에 학습 만화 《who?》의 위인 이야기를 더해서, 쉽고 재미있게 감성적 창의 주도성을 높이는 학습서입니다. 본 교재는 1~12권으로 나누어져 있으며, 심리 검사 결과를 바탕으로 학습자 수준에 맞춰 권 별 집중 학습 및 개별 수업을 진행할 수 있습니다.

《E-CLIP》의 주제

권	주제	학습 목표	프로그램		
			학습 동기 향상 프로그램	학습 목표 향상 프로그램	진로 설계 향상 프로그램
1	동기	능동적 학습의 시작	1단계 집중 학습		
2	인지	자생적 인지 학습			
3	인지 심화	인지 능력 향상		2단계 집중 학습	
4	동기 심화	동기 향상 및 유지			
5	몰입	깊은 학습 몰입			
6	자아존중감	내면적 성숙			
7	창의성	창의성 계발			3단계 집중 학습
8	창의성 심화	창의성 학습 확장			
9	감성	감성 계발			
10	감성 심화	정서 발달 촉진			
11	사회성	사회성 계발			
12	사회성 심화	사회성 증진			

1. 도입

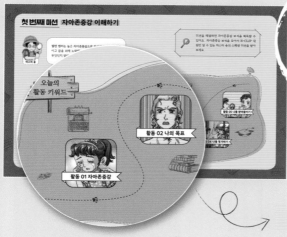

세계 위인과 함께 떠나는 탐험 미션입니다.
미션 속 5가지 활동을 키워드로 살펴봅니다.

활동 키워드로 미션 시작하기

2. 활동

위인 이야기로 활동 알아보기

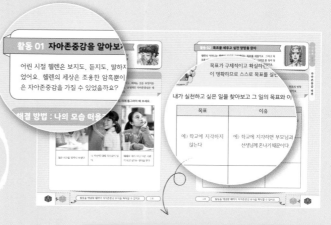

이야기로 흥미를 유발하고, 활동 문제를 풀면서 E-CLIP 개념을 내재화합니다.

E-CLIP 개념으로 활동 문제 풀기

1. 전문적이다! 송인섭 교수의 '공부의 힘을 기르는 20년 연구 완결판'

2. 체계적이다! '개인별 진단 심리 검사'와 '맞춤형 학습 교재'로 만나는 진짜 솔루션

3. 재미있다! '학습 만화 《who?》의 위인'과 함께 떠나는 미션 대탐험

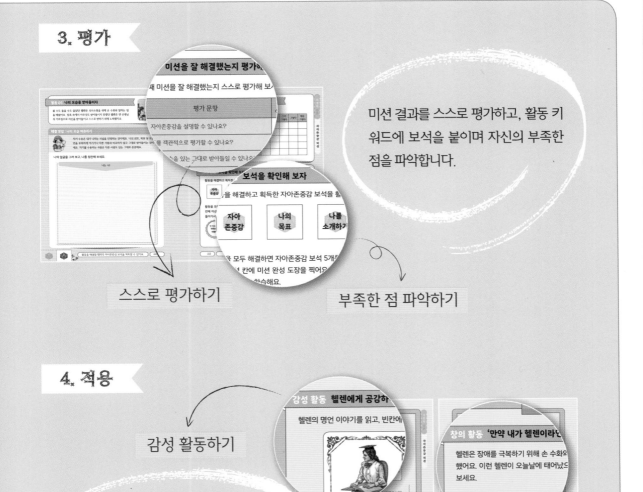

3. 평가

스스로 평가하기

부족한 점 파악하기

미션 결과를 스스로 평가하고, 활동 키워드에 보석을 붙이며 자신의 부족한 점을 파악합니다.

4. 적용

감성 활동하기

위인의 상황에 공감하고 나만의 시각으로 접근하면서 감성과 창의성을 향상합니다.

창의 활동하기

차례

E-CLIP 연구진

E-CLIP 소개

이 책의 구성과 특징

세계 위인과 함께 해결하는

자생력 UP 자아존중감 미션

첫 번째 미션   자아존중감 이해하기 ……… 16쪽

두 번째 미션   나의 자아존중감 높이기 …… 24쪽

세 번째 미션   자아존중감 유지하기 ……… 32쪽

스페셜 미션   나의 자아존중감 보석 찾기   40쪽

세계 위인을 만나는

자생력 UP 자아존중감 이야기

역할극 이야기 및 역할극 대본 ………………… 52쪽

부록

미션 가이드

세계 위인과 함께 해결하는

자생력 UP

자아존중감

미션

헬렌 켈러와 함께 자아존중감 보석을 모으자!

등장인물

마스터 송

생애 : 미스터리
국적 : 한국
직업 : 아이들이 미션을 해결하는 데
도움을 주는 안내자

헬렌 켈러

생애 : 1880~1968년
국적 : 미국
직업 : 작가, 사회 사업가
주요 업적 : 《헬렌 켈러 자서전》, 《사흘만
볼 수 있다면》 등을 씀.

학습 미션

헬렌 켈러와 함께 자아존중감 보석을 모으자!

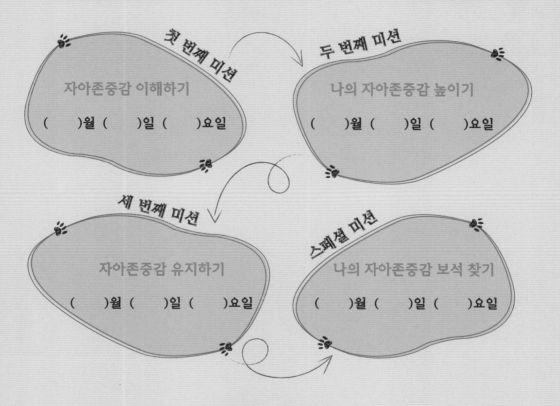

첫 번째 미션

자아존중감 이해하기

(   )월 (   )일 (   )요일

두 번째 미션

나의 자아존중감 높이기

(   )월 (   )일 (   )요일

세 번째 미션

자아존중감 유지하기

(   )월 (   )일 (   )요일

스페셜 미션

나의 자아존중감 보석 찾기

(   )월 (   )일 (   )요일

 위인 이야기

어릴 때 뇌척수막염으로 보지도, 듣지도 못하는 장애를 가지게 된 헬렌의 삶은 암흑 그 자체였어요. 하지만 헬렌은 앤 선생님을 만나서 말을 배웠지요. 나아가 책을 쓰면서 세상과 소통할 수 있었어요.

첫 번째 미션 자아존중감 이해하기

마스터 송

헬렌 켈러는 높은 자아존중감으로 자신의 모습을 받아들이고 꿈을 위해 노력했어요. 헬렌과 함께 자아존중감이 무엇인지 알아보면서 미션을 해결해 보세요.

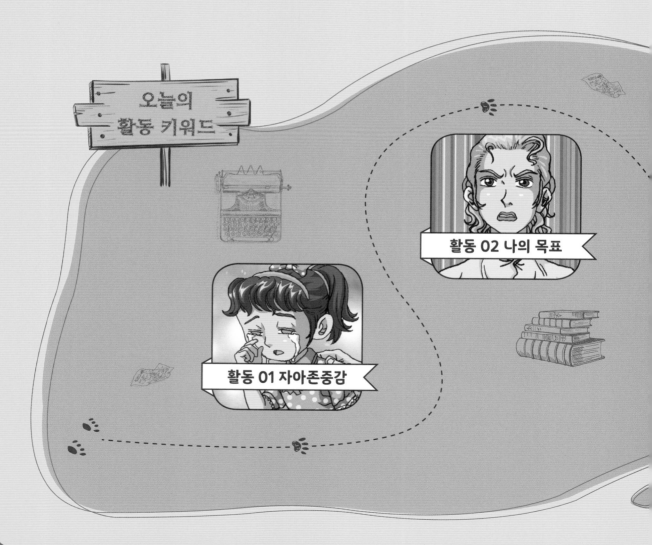

오늘의
활동 키워드

활동 02 나의 목표

활동 01 자아존중감

미션을 해결하면 자아존중감 보석을 획득할 수 있어요. 자아존중감 보석을 모아서 E-CLIP 대원만 알 수 있는 마스터 송의 스페셜 미션을 받아 보세요.

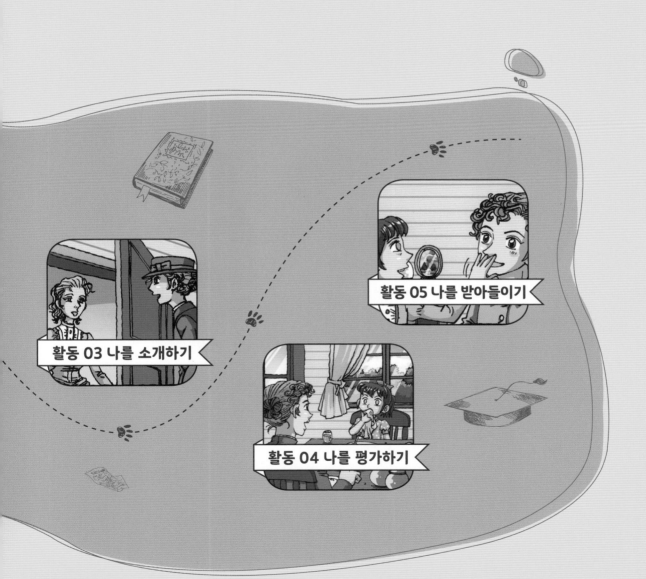

활동 05 나를 받아들이기

활동 03 나를 소개하기

활동 04 나를 평가하기

어린 시절 헬렌은 보지도, 듣지도, 말하지도 못하는 3중 장애를 앓고 있었어요. 헬렌의 세상은 조용한 암흑뿐이었지요. 이런 헬렌은 어떻게 좋은 자아존중감을 가질 수 있었을까요?

해결 방법 : 나의 모습 떠올리기

자아존중감은 자신이 사랑받을 만한 소중한 존재이고, 바라는 것은 무엇이든 이룰 수 있는 유능한 사람이라고 믿는 마음이에요. 긍정적인 자아존중감은 생활을 풍요롭게 하고 적극적으로 행동하게 만들어요.

아래 친구들을 살펴보며, 나는 어떤 친구와 비슷한지 그림 위에 동그라미 해 보세요.

많은 시간을 멍하니 보낸다.	나 자신에 대해 자신감이 있다.	때때로 내가 아닌 다른 사람이 되고 싶다는 생각을 한다.

활동을 해결할 때마다 자아존중감 보석을 획득할 수 있어요.

활동 02 목표를 세우고 실천 방법을 찾자

헬렌의 어머니는 헬렌의 장애를 고치겠다는 목표를 세웠어요. 그리고 목표를 이루기 위해 헬렌을 유명한 의사에게 데려갔어요. 그러던 중 청각 장애인들의 교사였던 벨 박사를 만나면서 헬렌을 가르칠 사람을 찾았지요.

해결 방법 : 실천하고 싶은 일 찾아보기

목표가 구체적이고 확실하면, 실천 가능한 계획을 세울 수 있어요. 목표의 방향이 명확하므로 스스로 목표를 실천하고자 하는 힘과 의지도 생길 수 있어요.

내가 실천하고 싶은 일을 찾아보고 그 일의 목표와 이유, 실천 방법을 써 보세요.

목표	이유	실천 방법
예) 학교에 지각하지 않는다.	예) 학교에 지각하면 부모님과 선생님께 혼나기 때문이다.	예) 아침 알람을 10분 일찍 맞춘다. 예) 친구와 같이 등교한다.

활동을 해결할 때마다 자아존중감 보석을 획득할 수 있어요.

활동 03 나를 소개해 보자

벨 박사는 헬렌의 어머니에게 헬렌을 가르칠 앤 선생님을 소개했어요. 새로운 사람을 만나면 자신을 소개해야 하지요. 나를 다른 사람에게 소개해 본 적이 있는지 떠올리며 미션을 해결해 보세요.

해결 방법 : 나를 떠올리며 나의 소개 완성하기

'나는 누구인지', '나는 어떤 사람인지'를 다른 사람에게 소개하면서 자신에 대해 판단과 평가를 해 보세요. 스스로 정확하게 아는 것이 자아존중감을 높이기 위한 첫걸음이에요.

나의 모습을 정확하고 객관적으로 생각해 보고, 나의 소개를 써 보세요.

나를 소개해요

1. 내가 좋아하는 것은 _____입니다.
2. 내가 싫어하는 것은 _____입니다.
3. 내가 가장 원하는 것은 _____입니다.
4. 내가 가장 참지 못하는 것은 _____입니다.
5. 나는 _____을(를) 잘합니다.
6. 나는 _____을(를) 잘 못합니다.
7. 나는 _____을(를) 가장 중요하게 생각합니다.
8. 나는 _____이(가) 되고 싶습니다.
9. 나의 성격은 _____합니다.
10. 나는 내 외모에 _____합니다.

나의 소개를 다시 읽어 보고, 아래 문장 중 해당하는 것에 색칠해 보세요.

나의 자아존중감은 대체로 긍정적이다.	나의 자아존중감은 대체로 부정적이다.

활동 04 나를 평가해 보자

헬렌은 장애가 있다는 이유로 자기가 하고 싶은 대로 행동했어요. 앤 선생님은 이런 헬렌에게 다른 사람과 함께할 수 있게 예절과 단어를 가르쳤지요. 헬렌은 앤 선생님 덕분에 자신의 감정만 고집하지 않을 수 있었어요.

해결 방법 : 부모님이나 친구에게 나에 대해 물어보기

자신을 객관적으로 볼 줄 알면 자신의 감정에 치우치지 않을 수 있고, 상황을 판단할 때도 눈에 보이는 대로가 아니라, 숨은 의미를 알 수 있어요. 이런 사람은 자신만 생각하지 않고, 다른 사람을 배려하고 공감할 수 있어요.

나에 대해 부모님이나 친구에게 물어보고, 나에 대해 들은 평가를 그대로 써 보세요.

1. 네가 좋아하는 것은 ＿＿＿＿＿＿＿＿＿＿＿＿＿＿＿＿이다.

2. 네가 싫어하는 것은 ＿＿＿＿＿＿＿＿＿＿＿＿＿＿＿＿이다.

3. 네가 가장 원하는 것은 ＿＿＿＿＿＿＿＿＿＿＿＿＿＿이다.

4. 네가 가장 참지 못하는 것은 ＿＿＿＿＿＿＿＿＿＿＿＿이다.

5. 너는 ＿＿＿＿＿＿＿＿＿＿＿＿＿＿＿＿을(를) 잘한다.

6. 너는 ＿＿＿＿＿＿＿＿＿＿＿＿＿＿＿＿을(를) 잘 못한다.

7. 너는 ＿＿＿＿＿＿＿＿＿＿＿＿＿＿을(를) 가장 중요하게 생각한다.

8. 너는 ＿＿＿＿＿＿＿＿＿＿＿＿＿＿＿이(가) 되고 싶어 한다.

9. 너의 성격은 ＿＿＿＿＿＿＿＿＿＿＿＿＿＿＿＿하다.

10. 너는 너의 외모에 ＿＿＿＿＿＿＿＿＿＿＿＿＿＿한다.

'내가 생각하는 나'와 '다른 사람이 생각하는 나'의 공통점과 차이점을 써 보세요.

공통점	
차이점	

활동을 해결할 때마다 자아존중감 보석을 획득할 수 있어요.

볼 수도 들을 수도 없었던 헬렌은 의사소통을 위해 손 수화와 말하는 법을 배웠어요. 암흑 속에서 아무것도 받아들이지 못했던 헬렌은 앤 선생님의 가르침으로 자신을 받아들이고 스스로 변하기 위해 노력했지요.

해결 방법 : 나의 모습 떠올리기

자기 수용은 내가 나라는 사실을 인정하는 것이에요. 나의 외모, 목표 등 모든 면을 부족하게 여기거나 다른 사람과 비교하지 않고 그대로 받아들이는 것이에요. 자기를 수용하는 사람은 다른 사람도 있는 그대로 존중해요.

나의 얼굴을 그려 보고, 나를 칭찬해 보세요.

나는 나!

미션 평가 미션을 잘 해결했는지 평가해 보자

첫 번째 미션을 잘 해결했는지 스스로 평가해 보세요.

평가 문항	매우 아니다	아니다	그저 그렇다	그렇다	매우 그렇다
1. 자아존중감을 설명할 수 있나요?					
2. 나를 객관적으로 평가할 수 있나요?					
3. 나의 모습을 있는 그대로 받아들일 수 있나요?					
4. 첫 번째 미션에 흥미를 가지고 참여했나요?					
5. 첫 번째 미션에 최선을 다하여 참여했나요?					

미션 완성 보석을 확인해 보자

활동을 해결하고 획득한 자아존중감 보석을 활동 키워드에 맞게 붙여 보세요.

자아 존중감	나의 목표	나를 소개하기	나를 평가하기	나를 받아들이기

활동을 모두 해결하면 자아존중감 보석 5개를 모을 수 있어요. 보석을 모두 획득하면, 첫 번째 미션 칸에 미션 완성 도장을 찍어요! 보석을 모두 획득하지 못했으면, 그 활동으로 돌아가서 다시 학습해요.

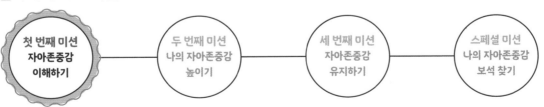

첫 번째 미션
자아존중감
이해하기

두 번째 미션
나의 자아존중감
높이기

세 번째 미션
자아존중감
유지하기

스페셜 미션
나의 자아존중감
보석 찾기

활동을 해결하면서 모은 자아존중감 보석을 모두 붙여 보세요!

두 번째 미션 나의 자아존중감 높이기

마스터 송

헬렌 켈러는 용기와 끈기가 있고 자아존중감이 높은 사람이었어요. 헬렌의 여러 상황들을 살펴보면서 나의 자아존중감을 높여 보세요.

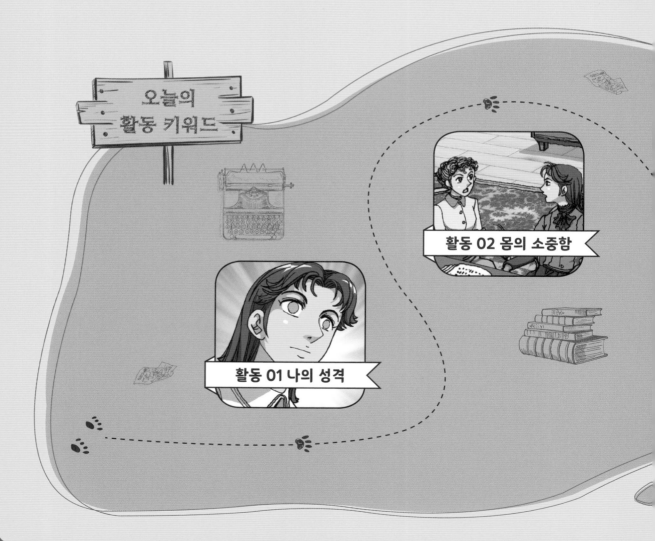

오늘의
활동 키워드

활동 02 몸의 소중함

활동 01 나의 성격

미션을 해결하면 자아존중감 보석을 획득할 수 있어요. 자아존중감 보석을 모아서 E-CLIP 대원만 알 수 있는 마스터 송의 스페셜 미션을 받아 보세요.

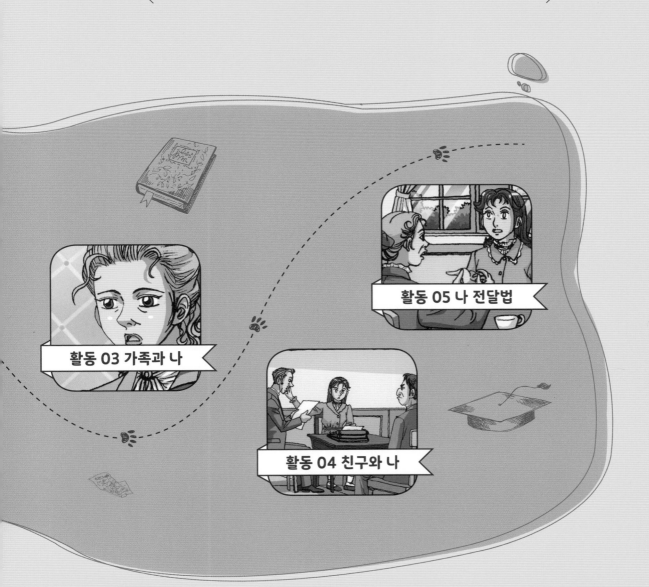

활동 03 가족과 나

활동 04 친구와 나

활동 05 나 전달법

특수 학교에서 공부하던 헬렌은 더 많은 것을 배우고 싶어서 대학교에 가기로 마음먹었어요. 이렇게 헬렌은 용기 있고 호기심 많은 성격이었지요. 나의 성격은 어떤지 생각하며 미션을 해결해 보세요.

해결 방법 : 나의 장점과 단점 찾아보기

성격은 다른 사람과 다른 나만의 특성이에요. 성격은 습관을 통해 형성되어요. 따라서 자신의 성격에서 고쳐야 할 점을 알고 올바른 방향으로 노력하면 좋은 성격으로 바꿀 수 있어요.

나의 성격을 생각해 보고, 바꾸고 싶은 나의 단점을 써 보세요.

바꾸고 싶은 나의 단점	바꾸고 싶은 이유	습관을 바꾸는 방법
예) 숙제를 자주 미룬다.	예) 허둥지둥 숙제를 끝내느라 스트레스를 받는다.	예) 숙제를 한 후, 게임을 하거나 친구를 만난다.

내가 잘하는 행동이나 자신 있게 하는 일을 생각해 보고, 나의 장점과 그 이유를 써 보세요.

나의 장점	장점이라고 생각하는 이유
예) 정리를 잘한다.	예) 책상 정리가 잘 되어 있어 공부를 바로 시작할 수 있고, 물건을 잘 잃어버리지 않는다.

활동 02 몸의 소중함을 알자

앞이 보이지 않는 헬렌은 공부를 하려면 점자 교과서가 필요했어요. 하지만 점자 작업이 늦어지자, 헬렌은 교과서 내용을 수화로 배우고 그 내용을 전부 외웠지요. 내가 헬렌이라면 어떤 불편함을 느꼈을지 생각해 보세요.

해결 방법 : 손에 감사 인사하기

우리는 평상시에 불편함을 느끼지 못해서 몸의 소중함을 잘 알지 못하지만, 몸의 소중함을 알면 나를 사랑하는 긍정적인 자아존중감을 가질 수 있어요.

몸에서 콤플렉스라고 생각하는 부분을 찾아보고, 아래 빈칸에 알맞은 말을 써 보세요.

콤플렉스로 생각하는 부분	콤플렉스로 쓴 부분의 장점 찾기

아래에 손을 그려 보세요. 그리고 손에게 나를 위해 애써 줘서 고맙다고 말해 보세요.

활동을 해결할 때마다 자아존중감 보석을 획득할 수 있어요.

헬렌의 어머니는 힘들게 공부하는 헬렌을 걱정해, 앤 선생님 대신 직접 가르치려 했어요. 하지만 헬렌은 스스로 원해서 공부하는 것이었지요. 이렇게 생각이 다른 헬렌의 가족을 떠올리며 미션을 해결해 보세요.

해결 방법 : 가족 안에서 나의 모습 찾아보기

가족이 나에게 바라는 역할과 내가 하고 있는 역할의 차이가 클수록 가족과 나의 생각도 많이 달라요. 그 틈을 줄이기 위해 노력하면, 가족과 나의 자아존중감을 높일 수 있어요.

가족과 나의 관계를 생각해 보고, 아래 빈칸에 알맞은 말을 써 보세요.

가족에게 보이는 나의 모습	가족이 나에게 기대하는 모습

위의 내용을 다시 읽어 보고, 내가 바뀌어야 하는 부분을 써 보세요.

_____

_____

_____

_____

_____

활동을 해결할 때마다 자아존중감 보석을 획득할 수 있어요.

활동 04 친구와의 갈등을 해결해 보자

헬렌은 열심히 공부해서 장애를 딛고 당당하게 대학에 입학했어요. 하지만 시험 때마다 헬렌과 앤 선생님을 의심하는 교수들 때문에 헬렌은 차별과 갈등을 겪었어요. 나의 학교생활을 방해하는 갈등에는 무엇이 있나요?

해결 방법 : 친구와 싸웠을 때 어떻게 했는지 표시하기

친구들 사이에서 일어날 수 있는 다툼이나 갈등은 즐거운 학교생활을 방해할 수 있어요. 그래서 친구와 갈등이 있는 경우에 어떻게 대처해야 하는지 알면 좋은 친구 관계를 유지하는 데 도움이 되어요.

친구와 싸웠을 때를 생각해 보고, 내가 했던 행동에 ○표 해 보세요.

대처 방식	구체적 행동	표시	결과
소극적 행동	친구와의 대화를 피해버린다.		친구와 관계가 멀어진다.
	아무 말도 못 하고 속상해한다.		
	변명이나 마음에 없는 사과를 한다.		
공격적 행동	내 입장을 고집한다.		친구와 관계가 나빠진다.
	친구에게 화를 내거나 짜증을 부린다.		
	친구를 무시하고 험담을 한다.		
수용적 행동	친구와 다른 점을 인정하며, 내 생각을 화내지 않고 설명한다.		친구와 관계가 발전한다.
	친구를 비난하기보다는 친구의 어떤 행동에 서운함을 느꼈는지 이야기한다.		

앞으로 친구와 갈등이 생겼을 때 나는 어떻게 행동하면 좋을지 이야기해 보세요.

활동 05 나 전달법으로 말해 보자

헬렌이 사회주의를 옹호하는 책을 내면서, 헬렌과 앤 선생님 사이에 처음으로 갈등이 생겼어요. 서로 생각이 다른 상황에서는 어떻게 말하는 것이 좋을까요?

해결 방법 : '나 전달법'으로 말하기

'나 전달법'은 상대방의 행동이 나에게 어떤 생각이나 느낌을 가지게 하는지 솔직하게 표현하는 방법이에요.

친구와 다툰 경험을 이야기해 보고, 그때로 돌아간다면 어떻게 말할지 '나 전달법'에 따라 써 보세요.

나 전달법	친구와 다툰 경험을 '나 전달법'으로 말하기
1. 친구의 행동이나 상황을 있는 그대로 말한다.	예) "너는 나에게 거짓말을 했어."
2. 친구의 행동에서 내가 느낀 감정과 나에게 주는 영향을 말한다.	예) "네가 나를 속여서 나는 매우 속상했어."
3. 내가 원하는 것을 구체적으로 말한다.	예) "우리 서로 거짓말을 하지 말고, 솔직하게 말하자."

활동을 해결할 때마다 자아존중감 보석을 획득할 수 있어요.

미션 평가 미션을 잘 해결했는지 평가해 보자

두 번째 미션을 잘 해결했는지 스스로 평가해 보세요.

평가 문항	매우 아니다	아니다	그저 그렇다	그렇다	매우 그렇다
1. 나에 대해 이야기할 수 있나요?					
2. 가족과 나, 친구와 나의 관계를 설명할 수 있나요?					
3. 나 전달법으로 말할 수 있나요?					
4. 두 번째 미션에 흥미를 가지고 참여했나요?					
5. 두 번째 미션에 최선을 다하여 참여했나요?					

미션 완성 보석을 확인해 보자

활동을 해결하고 획득한 자아존중감 보석을 활동 키워드에 맞게 붙여 보세요.

나의 성격   몸의 소중함   가족과 나   친구와 나   나 전달법

활동을 모두 해결하면 자아존중감 보석 5개를 모을 수 있어요. 보석을 모두 획득하면, 두 번째 미션 칸에 미션 완성 도장을 찍어요! 보석을 모두 획득하지 못했으면, 그 활동으로 돌아가서 다시 학습해요.

첫 번째 미션
자아존중감
이해하기

두 번째 미션
나의 자아존중감
높이기

세 번째 미션
자아존중감
유지하기

스페셜 미션
나의 자아존중감
보석 찾기

활동을 해결하면서 모은 자아존중감 보석을 모두 붙여 보세요!

세 번째 미션 자아존중감 유지하기

마스터 송

헬렌 켈러는 자신을 있는 그대로 받아들이고 긍정적인 자아존중감을 유지했어요. 헬렌과 함께 자아존중감이 무엇인지 알아보면서 미션을 해결해 보세요.

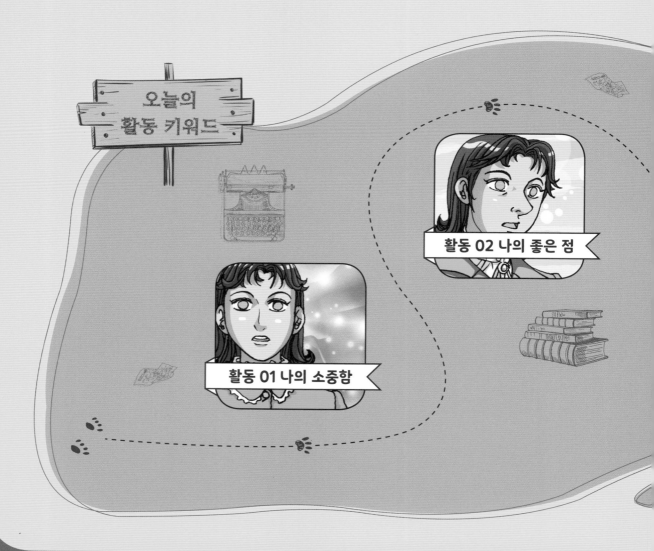

오늘의
활동 키워드

활동 02 나의 좋은 점

활동 01 나의 소중함

미션을 해결하면 자아존중감 보석을 획득할 수 있어요. 자아존중감 보석을 모아서 E-CLIP 대원만 알 수 있는 마스터 송의 스페셜 미션을 받아 보세요.

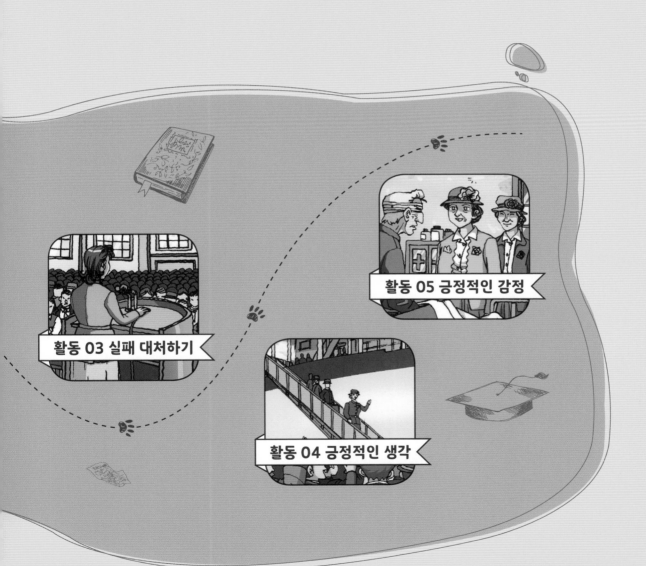

활동 03 실패 대처하기

활동 04 긍정적인 생각

활동 05 긍정적인 감정

헬렌은 자신을 있는 그대로 받아들이고 다른 사람과 대화하려고 노력했으며, 열심히 공부했어요. 그렇게 성장한 헬렌은 자신만의 철학이 생겼고, 자신의 인생을 스스로 계획하고 행동하는 사람이 되었지요.

해결 방법 : 시 낭송하기

나를 사랑하는 것은 나를 있는 그대로를 받아들이고 소중하게 여기는 것이에요.

밑줄 친 '나'를 내 이름으로 바꿔서 큰 소리로 읽어 보세요.

나

<u>나</u>는(은) 위대한 사람입니다.

<u>나</u>는(은) 위대한 사람입니다.
<u>나</u>의 눈은 아름다운 꿈의 빛으로 가득합니다.
<u>나</u>의 발은 스스로 세상을 향해 나아갑니다.
<u>나</u>의 입은 다른 사람의 영혼을 맑게 해 줍니다.

<u>나</u>는(은) 위대한 사람입니다.
<u>나</u>는(은) <u>나</u>의 생각을 다른 사람에게 펼쳐 보일 수 있고
다른 사람의 마음을 간직할 수 있습니다.

<u>나</u>는(은) 위대한 사람입니다.
이 세상에서 하나뿐인 <u>나</u>이기 때문입니다.

활동 02 나의 좋은 점을 찾아보자

헬렌은 부자를 비판하는 강연을 한 뒤, 후원이 끊겼어요. 하지만 헬렌은 누군가에 도움에 기대지 않고, 제힘으로 살아가겠다고 다짐했지요. 헬렌의 의지력과 높은 자신감처럼 나에게는 어떤 좋은 점이 있는지 생각해 보세요.

해결 방법 : 나의 좋은 점 찾기

스스로 미처 알지 못했던 나의 좋은 점에는 무엇이 있는지 찾아내면 자아존중감을 높일 수 있어요. 나는 소중하고 존중받을 가치가 있는 존재임을 아는 것이 중요해요.

나의 좋은 점은 무엇인지 생각해 보고, 아래에 써 보세요.

영역	나의 좋은 점
성격	
외모	
가정	
친구	

자아존중감 프로그램은 나를 있는 그대로 받아들이고 나의 새로운 좋은 점을 찾는 것이에요. 앞의 활동들을 돌아보며, 내가 몰랐던 나의 좋은 점을 이야기해 보세요.

활동을 해결할 때마다 자아존중감 보석을 획득할 수 있어요.

활동 03 실패를 성공으로 바꿔 보자

헬렌은 장애인의 평등에 관해 강연하면서 장애인에게 용기를 주려 했어요. 하지만 이들은 부유한 헬렌을 싫어했지요. 헬렌은 실망했지만, 희망을 잃지 않았어요. 언젠가 모두가 알아주리라 믿고 강연을 계속했지요.

해결 방법 : 실패에 맞서기

무언가에 실패했다고 자신을 실패자로 생각하면 성장할 수 없어요. 하지만 실패를 슬기롭게 받아들이고 희망을 잃지 않으면, 새롭게 시작할 수 있어요.

민호의 이야기를 읽고, 내가 민호라면 실패를 성공으로 바꾸기 위해 어떻게 할지 써 보세요.

민호는 낙원 초등학교 축구팀 골키퍼다. 어제 민호네 팀은 전국 초등학교 축구 리그전이라는 중요한 축구 경기가 있었다. 그런데 민호는 축구 경기에서 상대 팀이 찬 공을 3번 막지 못했다. 민호는 자신 때문에 경기에서 진 것 같아서, 가족들에게 축구에 <u>실패</u>했다고 말했다.

↓

예) 경기에서 진 것은 아쉽지만, 다음 경기를 이기기 위한 경험으로 생각하고 공을 막는 연습을 해야겠다.

↓

성공

활동 04 나의 애칭을 생각해 보자

앤 선생님이 죽자, 사람들은 헬렌이 이제 아무것도 할 수 없을 것이라고 생각했어요. 하지만 자아존중감이 높고 스스로 삶을 결정해왔던 헬렌은 사회 활동을 멈추지 않았고, 《헬렌 켈러의 일기》라는 책도 냈지요.

해결 방법 : 애칭 만들기

자아존중감이 높은 사람은 나 자신을 사랑하고 긍정적으로 생각해요. 그래서 과거의 사건이나 환경으로 자신의 삶이 결정되는 것이 아니라, 지금 자신에게 삶이 달려 있다고 믿어요.

애칭은 본래의 이름은 아니지만, 애정을 담아 부르는 또 다른 이름이에요. 나는 가족이나 친구에게 어떤 애칭으로 불리는지 써 보세요.

나의 애칭	애칭의 뜻과 이유

나의 애칭이 없거나 마음에 들지 않는다면, 새로운 애칭을 만들어 보세요.

나의 애칭	애칭의 뜻과 이유

활동을 해결할 때마다 자아존중감 보석을 획득할 수 있어요.

제2차 세계 대전으로 많은 사람들이 다치고 죽었어요. 헬렌은 부상병들을 찾아다니며 이들에게 희망을 전했지요. 장애가 삶의 걸림돌이 될 수 없다는 헬렌의 긍정적인 말은 부상병들에게 큰 위로가 되었어요.

해결 방법 : 자아존중감 프로그램을 통해 느낀 감정 떠올리기

자아존중감이 높아지면, 부정적인 감정이 줄어들고 긍정적인 감정이 늘어나요.

자아존중감 프로그램을 학습하면서 줄어든 부정적인 감정과 늘어난 긍정적인 감정에는 무엇이 있는지 빈칸에 써 보세요.

줄어든 부정적인 감정	늘어난 긍정적인 감정

자아존중감 프로그램을 통해 변화된 나의 모습을 가족이나 친구와 함께 이야기해 보세요.

미션 평가 미션을 잘 해결했는지 평가해 보자

세 번째 미션을 잘 해결했는지 스스로 평가해 보세요.

평가 문항	매우 아니다	아니다	그저 그렇다	그렇다	매우 그렇다
1. 나의 좋은 점을 이야기할 수 있나요?					
2. 실패에 유연하게 대처할 수 있나요?					
3. 긍정적인 생각과 감정으로 말할 수 있나요?					
4. 세 번째 미션에 흥미를 가지고 참여했나요?					
5. 세 번째 미션에 최선을 다하여 참여했나요?					

미션 완성 보석을 확인해 보자

활동을 해결하고 획득한 자아존중감 보석을 활동 키워드에 맞게 붙여 보세요.

나의 소중함	나의 좋은 점	실패 대처하기	긍정적인 생각	긍정적인 감정

활동을 모두 해결하면 자아존중감 보석 5개를 모을 수 있어요. 보석을 모두 획득하면, 세 번째 미션 칸에 미션 완성 도장을 찍어요! 보석을 모두 획득하지 못했으면, 그 활동으로 돌아가서 다시 학습해요.

첫 번째 미션 자아존중감 이해하기 · 두 번째 미션 나의 자아존중감 높이기 · 세 번째 미션 자아존중감 유지하기 · 스페셜 미션 나의 자아존중감 보석 찾기

활동을 해결하면서 모은 자아존중감 보석을 모두 붙여 보세요!

스페셜 미션 | 나의 자아존중감 보석 찾기

마스터 송

3가지 미션을 모두 해결하다니 대단해요. 앞의 미션을 완료한 대원에게 주는 마지막 스페셜 미션은 '나의 자아존중감 보석 찾기'예요. 헬렌 켈러와 함께 알아본 자아존중감을 떠올리며 나의 자아존중감을 완성해 보세요!

탐구 활동

헬렌의 자아존중감을 알아보자

감성 활동

헬렌에게 공감하며 명언 카드를 완성해 보자

창의 활동

'만약 내가 헬렌이라면?' 상상해 보자

헬렌의 자아존중감을 정리하고, 나의 자아존중감 보석 찾기로
연결해 보세요. 나 자신을 소중하게 여기며 유능한 사람이라고
믿는 마음이 세상에서 가장 소중한 나만의 보석이에요.

주도성 활동

나만의 라이프러리를 만들어 보자

향상 활동

자아존중감을 확인해 보자

탐구 활동 헬렌의 자아존중감을 알아보자

헬렌을 인터뷰하고 있어요. 인터뷰를 읽고, 빈칸에 들어갈 대답을 이야기해 보세요.

안녕하세요, 헬렌 여사님. 여사님께서는 여러 지역을 다니며 강연을 하셨는데요. 주로 어떤 내용을 전하셨나요?

저는 저의 신념을 전하기 위한 강연 여행을 했습니다. 저의 신념은 모든 사람이 평등해야 한다는 것이고, 장애인 차별, 성차별, 인종 차별 등 그 누구도 차별받지 않아야 한다는 것이었습니다.

정말 좋은 강연이군요. 많은 사람들이 헬렌 여사님은 앤 선생님의 도움이 없다면, 스스로 강연을 하고 책을 쓸 수 없을 것이라고 생각했습니다. 그런데 여사님께서는 혼자서도 모든 것을 하실 수 있었지요. 어떻게 장애를 이겨내고 이 모든 것을 할 수 있으셨나요?

그렇군요. 인터뷰 정말 감사드립니다. 마지막으로 여사님의 성공 비결은 무엇이었는지 한마디 해 주십시오.

제 성공 비결은 긍정적인 마음가짐과 포기하지 않는 끈기였습니다. 저는 제가 무엇이든 할 수 있다고 믿었고, 자신을 믿는 만큼 꿈을 위해 더욱 노력했습니다. 여러분도 저와 같길 바랍니다. 감사합니다.

감성 활동 헬렌에게 공감하며 명언 카드를 완성해 보자

헬렌의 명언 이야기를 읽고, 빈칸에 알맞은 말을 써 보세요.

내일 당장
㉮ 장애인이 될지도 모른다는
기분으로 세상을 보고,
촉각을 잃을 것이라는
기분으로 사물을 만지고,
㉯ 을 잃는다는
기분으로 세상의 소리를 들어라.

평생 어둠 속에서 살았던 헬렌은 사흘만 세상을 볼 수 있다면 보고 싶은 것들이 무엇인지를 담은 책을 썼습니다. 이 책은 《사흘만 볼 수 있다면》으로, 헬렌은 이 책에 이런 말을 남겼습니다.

'내일 당장 시각 장애인이 될지도 모른다는 기분으로 세상을 보고, 촉각을 잃을 것이라는 기분으로 사물을 만지고, 청각을 잃는다는 기분으로 세상의 소리를 들어라.'

헬렌은 이 책을 통해 세상 사람들에게 앞을 볼 수 있다는 것이 얼마나 큰 축복인지를 깨닫게 해 주고 있습니다. 그리고 우리가 무심코 지나친 것들에서 아름답고 소중한 가치를 찾아내고 있습니다.

㉮ : [   ]   ㉯ : [   ]

나의 자아존중감 미션 달성률(%)   20% 40% 60% 80% 100%

헬렌은 장애를 극복하기 위해 손 수화와 말하는 방법을 배우고 점자 등으로 공부했어요. 이런 헬렌이 오늘날에 태어났으면 어떤 방법으로 장애를 극복했을지 써 보세요.

태어난 지 19개월이 되었을 때 뇌척수막염을 앓은 헬렌은 시력과 청력을 모두 잃었어요. 헬렌은 보지도, 듣지도, 말하지도 못하는 3중 장애를 앓았지요. 헬렌의 세상은 조용한 암흑뿐이었어요. 그러던 어느 날, 헬렌은 앤 선생님 덕분에 세상에 말이 있다는 것을 깨달았어요. 이후 헬렌은 점자를 익히고 손을 잡고 하는 손 수화를 배우고, 말도 배웠지요. 이런 노력 끝에 헬렌은 다른 사람과 소통할 수 있었어요.

아래와 같은 상황에서 내가 헬렌이라면 어떻게 했을지 써 보세요.

헬렌은 더 배우고 싶어서, 대학교에 가는 것을 목표로 열심히 공부했어요. 하지만 앤 선생님이 헬렌을 혹독하게 가르치는 것을 염려한 학교 선생님은 헬렌의 어머니에게 이 사실을 알렸지요. 헬렌의 어머니는 앤 선생님 대신 직접 헬렌을 가르치려 했어요. 헬렌은 앤 선생님과 어머니 중 한 사람을 선택해야 했지요. 헬렌은 공부를 도와줄 앤 선생님이 필요했고, 어머니께 상처를 주고 싶지도 않았어요.

주도성 활동 나만의 라이프러리를 만들어 보자

헬렌은 자아존중감이 높은 위인이에요. 헬렌처럼 자아존중감을 높이기 위해 삶의 도서관인 라이프러리를 만드는 활동을 해요. 아래 빈칸을 채워 나만의 라이프러리를 완성해 보세요.

라이프러리 이름	

오늘의 라이프러리	
오늘 있었던 일	오늘 느꼈던 감정

지난주의 라이프러리	
지난주에 있었던 일	지난주에 느꼈던 감정

지난달의 라이프러리	
지난달에 있었던 일	지난달에 느꼈던 감정

미래의 라이프러리	
미래에 있을 일	미래에 느낄 감정

나의 자아존중감 미션 달성률(%) | 20% | 40% | 60% | 80% | 100% |

향상 활동 자아존중감을 확인해 보자

자아존중감 미션을 해결하며, 나의 자아존중감을 생각해 볼 수 있었어요. 내가 얼마나 달라졌는지 돌아보며 질문에 답해 보세요.

1. 자아존중감 프로그램을 통해 나는 어떤 부분에서 얼마나 성장했나요?

2. 나에게 자아존중감은 무엇인가요?

3. 높은 자아존중감이 나에게 가져다줄 행복은 무엇인가요?

미션 평가 미션을 잘 해결했는지 평가해 보자

스페셜 미션을 잘 해결했는지 스스로 평가해 보세요.

평가 문항	매우 아니다	아니다	그저 그렇다	그렇다	매우 그렇다
1. 헬렌의 자아존중감을 설명할 수 있나요?					
2. 나의 자아존중감을 이야기할 수 있나요?					
3. 나만의 라이프러리를 만들 수 있나요?					
4. 스페셜 미션에 흥미를 가지고 참여했나요?					
5. 스페셜 미션에 최선을 다하여 참여했나요?					

미션 완성 미션을 확인해 보자

활동을 모두 해결하면 스페셜 미션 칸에 미션 완성 도장을 찍어요! 활동을 모두
해결하지 못했으면, 그 활동으로 돌아가서 다시 학습해요.

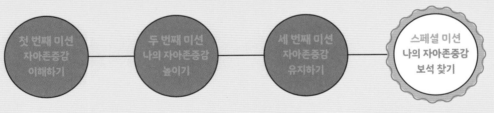

첫 번째 미션
자아존중감
이해하기

두 번째 미션
나의 자아존중감
높이기

세 번째 미션
자아존중감
유지하기

스페셜 미션
나의 자아존중감
보석 찾기

이 단원에서 해결한 자아존중감 미션을 떠올리며, 나의 자생력은 무엇인지 이
야기해 보세요. 자생력은 인공지능과 다른 인간만의 고유한 특성으로, 스스로
주도해서 자아실현의 길로 나아가게 만드는 힘이에요. 나는 높은 자아존중감으
로 꿈을 위해 노력하고 있나요?

나의 자아존중감 미션 달성!

* 헬렌 켈러와 함께 자아존중감을 알아보았어요. 헬렌과 같은 위인이 타임머신을 타고 공룡이 있는 시대로 간다면 어떤 일이 일어날까요? 직접 위인이 되어 역할극을 하면서 위인의 마음을 생각해 보세요.

* '세계 위인을 만나는 자생력 UP 자아존중감 이야기'에서는 신사임당, 슈바이처, 스티브가 위인 세계에 모여서 자아존중감과 관련된 이야기를 나누고 문제를 해결해 나가요. 이는 허구적인 내용을 바탕으로 '위인은 자아존중감을 어떻게 학습할까?'에 대해 상상하여 쓴 창작 대본이에요.

세계 위인을 만나는

자생력 UP

자아존중감
이야기

위인이 되어 역할극을 해 보자!

등장인물

마스터 송

생애 : 미스터리

국적 : 한국

직업 : 아이들이 미션을 해결하는 데
도움을 주는 안내자

알베르트 슈바이처

생애 : 1875~1965년

국적 : 독일

직업 : 의사

주요 업적 : 아프리카 랑바레네에 병원을 세움,
1952년 노벨 평화상을 수상함.

위인 이야기

슈바이처는 교수가 되어 학생들을 가르치다가 의료 봉사를 하기 위해 30살에 의학 공부를 시작했어요. 슈바이처는 아프리카 랑바레네에서 의료 봉사를 하며 아프리카 사람들을 치료해 주었어요. 자신의 삶을 희생해 수많은 아프리카 원주민의 목숨을 구한 슈바이처는 마침내 노벨 평화상까지 수상했지요.

스티브 잡스

생애 : 1955~2011년

국적 : 미국

직업 : 하드웨어 엔지니어, 기업가

주요 업적 : 애플컴퓨터를 세움.

📖 위인 이야기

어린 시절 스티브는 학교생활에 적응하지 못하고 말썽을 부리는 소년이었어요. 하지만 스티브는 컴퓨터라는 기계에 마음을 빼앗기고부터 창의적이고 열정적인 모습으로 변했지요. 그 후 '애플'이라는 회사를 세우고 새로운 제품들을 만들어 내며 놀라운 성장을 이뤄 나갔어요.

신사임당

생애 : 1504~1551년

국적 : 한국

직업 : 화가

주요 업적 : 〈초충도〉, 〈자리도〉를 그림.

📖 위인 이야기

신사임당은 남편의 뒷바라지를 비롯해 7명의 자녀를 훌륭하게 키운 현모양처이기도 하지만, 훌륭한 여성 예술가이기도 해요. 그림 실력이 어찌나 뛰어났던지 신사임당이 그린 곤충 그림을 살아 있는 것으로 착각한 닭이 그림을 부리로 쪼았을 정도였지요.

평화로운 위인 세계에서 살고 있던 슈바이처는 신사임당과 공원에서 만나기로 한다. 공원에서 신사임당을 기다리던 슈바이처는 우연히 무언가를 살펴보고 있는 스티브를 만난다. 마침 신사임당도 도착하고 슈바이처와 신사임당은 스티브에게 무엇을 하는지 묻는다. 스티브는 공원에서 산책을 하다가 이상한 기계를 찾았다고 이야기한다.

역할극 대본

슈바이처와 신사임당은 스티브와 함께 시계처럼 생긴 기계를 자세히 살펴본다. 그때 바닥에 떨어진 열쇠를 주운 신사임당이 말한다.

신사임당
(열쇠를 높이 들고) 여기 열쇠가 있는데?

슈바이처
(궁금한 표정으로) 기계에 열쇠를 꽂는 걸까?

스티브
(자세히 살펴보더니) 맞아! 이쪽에 열쇠 구멍이 있어. 여기에 꽂아 보자!

신사임당이 스티브가 말한 열쇠 구멍에 열쇠를 꽂자 기계가 움직이더니, 엄청난 연기와 함께 신사임당과 스티브, 슈바이처가 새로운 세계로 이동한다.

슈바이처

(갑작스러운 움직임에 놀라며) 으악!

신사임당

(연기 때문에 기침하며) 콜록콜록, 뭐지? 갑자기 세상이 움직였어!

스티브

(놀란 표정으로) 우리 이상한 세계로 이동한 것 같아. 저기를 봐!

슈바이처

(당황스러운 표정으로) 설마 공룡? 저기 지금 공룡이 있는 거야? 으악!

신사임당

(친구들에게 손짓하며) 잠깐만, 우리 일단 어디에 숨어서 생각하자.

친구들은 공룡에게 보이지 않도록 나무 뒤로 이동해서 공룡으로 가득한 주변을 살펴본다. 그때 기계에서 마스터 송의 음성이 들린다.

마스터 송

(속삭이는 목소리로) 안녕하세요, 여러분. 여러분은 지금 시공간을 넘어 공룡이 살고 있는 시대로 왔습니다.

모두

네? 공룡 시대라고요?

마스터 송

네. 집으로 돌아가려면 무서운 공룡을 피해 방법을 찾아보세요. 힌트는 공룡에 있습니다.

신사임당

흠…, 우리가 기계에 열쇠를 꽂아서 이곳으로 왔으니까 다시 기계를 움직여야 할 것 같아.

역할극을 따라 하면서 자아존중감을 학습할 수 있어요.

슈바이처

(맞장구치며) 맞아. 사임당, 열쇠를 다시 꽂아 보자!

신사임당

나한테 없는데? 아까 열쇠를 기계에 꽂은 다음에 보지 못했어.

스티브

(놀란 표정으로) 뭐? 열쇠가 없으면 돌아갈 수 없잖아.

친구들은 깊은 고민에 빠진다. 그리고 주변을 둘러보던 슈바이처가 외친다.

슈바이처

(공룡이 모여 있는 곳을 손으로 가리키며) 얘들아, 저기! 디플로도쿠스의 알들 사이에 열쇠가 있는데?

스티브

(흥분하며) 으악, 열쇠를 가지러 가면 디플로도쿠스가 우리가 알을 훔치려는 줄 알고 가만두지 않을 텐데…, 어쩌지?

친구들이 걱정하고 있을 때, 다시 기계에서 지지직 소리가 들리더니, 마스터 송의 음성이 들린다.

마스터 송

모두 진정해요. 여러분! 자아존중감 검사를 기억하나요?

모두

네!

마스터 송

세 사람 모두 자아존중감이 아주 높았죠. 여러분은 무엇이든 성취할 수 있는 유능한 사람이에요. 어떻게 열쇠를 가져올 수 있을지 차분히 생각해 보세요.

스티브 (슈바이처를 가리키며) 흠…, 그럼 슈바이처가 디플로도쿠스 앞으로 뛰어가서 유인하고, 그동안 사임당이 열쇠를 가져오는 건 어떨까?

슈바이처 (화를 내며) 말도 안 돼! 스티브, 너 너무 나쁘다!

스티브 (당황하며) 뭐?

마스터 송 여러분끼리 다툴 때가 아니에요. 슈바이처, '나 전달법'으로 말하면 어떨까요? 상대방의 행동이 나에게 어떤 생각과 느낌을 갖게 하는지 솔직히 표현하는 방법! 기억하죠?

슈바이처 (끄덕이며) 스티브, 나는 네가 나보고 공룡을 유인하라고 하니까 내 생각은 하지 않는 것 같아서 서운했어. 내가 위험할 수 있다는 것도 알아주면 좋겠어.

스티브 (당황한 표정으로) 아, 미안해. 네가 그렇게 생각할 줄 몰랐어. 나는 네가 우리 중 달리기가 제일 빨라서 그렇게 말한 거야. 그런 뜻이 아니었어.

신사임당 (안도하며) 휴, 그럼 둘이 화해한 거지? 내 생각에는 디플로도쿠스가 물을 마시러 갈 때를 기다리는 게 좋겠어. 그때 빨리 뛰어가서 열쇠를 가져오는 건 어때?

슈바이처 (웃으며) 좋아. 그럼 그때 달리기 빠른 내가 다녀올게!

역할극을 따라 하면서 자아존중감을 학습할 수 있어요.

1시간이 넘게 지났지만, 디플로도쿠스는 움직이지 않고 알을 지키고 있다. 오히려 위인 친구들이 목이 마르고, 배가 고파서 지쳐간다.

신사임당

이대로는 안 되겠어. 디플로도쿠스가 움직이기 전에 우리가 먼저 지치겠어.

스티브

(놀란 목소리로) 어? 잠깐만! 공룡들의 움직임이 좀 이상하지 않아?

슈바이처

(공룡을 자세히 보며) 그러고 보니 공룡이 일정한 속도와 방향으로 움직이고 있어. 계속 같은 자리를 맴돌기도 하고.

스티브

(이마를 탁 치며) 이거 진짜 공룡 시대가 아닐 수도 있겠는데? 여기 코딩으로 만들어진 가상 세계 같아.

신사임당

(놀란 표정으로) 뭐? 그럼 저 공룡들이 진짜가 아니라는 말이야?

스티브

(골똘히 생각하며) 응. 만약 공룡이 가짜라면, 움직임을 멈출 수 있을 거야.

스티브의 말이 끝나자, 기계에서 다시 마스터 송의 음성이 들린다.

마스터 송

스티브, 정말 대단한데요? 맞아요. 이곳에는 비밀이 있지요. 공룡을 멈추는 방법을 찾으려면, 기계를 자세히 살펴보세요.

슈바이처

어? 여기 기계 옆쪽에 키보드가 붙어 있는데 혹시 이걸 이용하는 걸까?

스티브
(신나는 표정으로) 좋은데? 내가 한번 해 볼게.

스티브가 키보드를 당기자 기계 옆에 큰 화면이 생긴다. 스티브는 화면을 보며 파일을 열고 코딩을 시도한다. 그리고 스티브가 실행 버튼을 누르자, 불을 뿜으며 움직이던 공룡이 모두 동시에 멈춘다.

 슈바이처
(손뼉을 치며) 우아! 스티브, 공룡이 모두 멈췄어.

 신사임당
(감탄하며) 정말 대단하다. 너 정말 엄청난 코딩 실력을 가졌구나.

 스티브
(웃으며) 하하, 고마워. 몰랐던 나의 장점을 발견하니까 내가 더 소중하게 느껴지는걸?

 신사임당
맞아. 미처 알지 못했던 나의 좋은 점을 발견하면 자아존중감이 올라가지.

 슈바이처
(신나는 표정으로) 공룡이 모두 멈췄으니까 내가 열쇠를 가져올게!

슈바이처가 재빨리 열쇠를 가져오고, 신사임당이 열쇠를 받아 기계의 열쇠 구멍에 열쇠를 꽂는다. 그러자 다시 기계가 움직이고, 연기에 둘러싸인 친구들은 위인 세계로 무사히 돌아온다.

자
생
력
UP

자
아
존
중
감
이
야
기

57

역할극을 따라 하면서 자아존중감을 학습할 수 있어요.

마스터 송

알베르트
슈바이처

신사임당

스티브
잡스

※ E-CLIP 미션의 문제에는 여러 가지 답이 나올 수 있습니다. 본 미션 가이드는 참고용으로 활용하시길 바랍니다.

※ 교사용 개념과 지도 가이드가 포함된 교사용 PDF는 다산전인교육캠퍼스 홈페이지(www. dasaneducation.co.kr)에서 교사 인증 후 신청하실 수 있습니다.

1차시

18쪽
- (예시) 나 자신에 대해 자신감이 있다.

19쪽
- (예시) 목표 : 게임은 일주일에 1번, 2시간씩만 하겠다. / 이유 : 게임에 빠지면, 계획한 일을 미루게 되기 때문이다. / 실천 방법 : 친구들과 PC방은 일요일에만 가기로 약속한다. 숙제가 있을 때는 다른 일보다 숙제를 먼저 한다.

20쪽
- (예시) 1. 책 읽기, 2. 많은 사람들 앞에서 발표하기, 3. 논리적으로 말하는 것, 4. 계획을 지키지 않는 것, 5. 영어 듣기, 6. 운동, 7. 자존심, 8. 아이들을 가르치는 선생님, 9. 섬세하고 친절, 10. 불만족
- (예시) 나의 자아존중감은 대체로 긍정적이다.

21쪽
- (예시) 1. 책 읽기, 2. 발표하기, 3. 자유 시간, 4.

실수하는 자신의 모습, 5. 영어 듣기, 6. 운동, 7. 목표 8. 소설가, 9. 섬세하고 친절, 10. 만족
- (예시) 공통점 : 좋아하는 것, 싫어하는 것, 잘하는 것, 잘 못하는 것, 성격
차이점 : 가장 원하는 것, 참지 못하는 것, 중요하게 생각하는 것, 되고 싶은 것, 외모

22쪽
- (예시) 나의 얼굴 그림
쌍꺼풀은 없지만 내 눈은 매력적이다. 강렬한 눈빛이 해야 할 일을 성실하게 잘 해내는 훌륭한 사람이라는 걸 보여 준다.

2차시

26쪽
- (예시) 바꾸고 싶은 나의 단점 : 음식을 급하게 먹는다.
바꾸고 싶은 이유 : 자주 체하고 소화가 잘 안된다. / 밥을 먹은 후, 무슨 일이든 오래 하기가 힘들다.
습관을 바꾸는 방법 : 음식을 씹는 횟수를 센다. / 다른 사람의 식사 속도에 맞춰서 먹는다.
- (예시) 나의 장점 : 일찍 일어난다.
장점이라고 생각하는 이유 : 하루를 더 빨리 시작해서 아침 시간에 운동이나 공부를 할 수 있기 때문이다.

27쪽
- (예시) 콤플렉스로 생각하는 부분 : 키가 작다. /

콤플렉스로 쓴 부분의 장점 찾기 : 체격이 작아서 움직임이 빠르다.
- (예시) 나의 손 그림 / 열심히 숙제도 해 주고, 밥도 잘 먹을 수 있게 열심히 움직여 줘서 고마워!

28쪽
- (예시) 가족에게 보이는 나의 모습 : 집안일에 전혀 참여하지 않는 모습, 공부보다는 게임을 더 좋아하는 모습
가족이 나에게 기대하는 모습 : 자기 방은 스스로 청소할 줄 아는 모습, 숙제를 시키지 않아도 열심히 하는 모습
- (예시) 아빠가 청소하시기 전에 내 방은 미리미리 치워야겠다. 학교에 다녀오면 바로 숙제부터 해서 엄마가 숙제하라고 말씀하시지 않게 해야겠다.

29쪽
- (길잡이) 평소 행동을 돌아보며 자유롭게 ㅇ표 해 보세요.
- (예시) 친구와의 대화를 피하지 말고 친구를 이해하면서 내 입장을 차근차근 설명해야겠다.

30쪽
- (예시) 1. "이틀 전에 네가 내 외모를 놀리는 말을 했어."
2. "외모를 놀리는 말에 나는 슬프고 서운했어."
3. "앞으로 외모를 놀리는 말은 하지 않으면 좋겠어."

34쪽
- (길잡이) 자신이 얼마나 소중한 존재인지 생각하면서 시를 낭송해 보세요.

35쪽
- (예시) 성격 : 밝고 긍정적이다.
외모 : 눈이 예쁘다.
가정 : 엄마, 아빠가 많이 사랑해 주신다.
친구 : 평생 함께하고 싶은 친구가 여러 명 있다.
- (예시) 활동을 통해 나를 생각해 보고 다른 사람들에게 물어보니, 내게 예의 바르고 친절하다는 큰 장점이 있다는 것을 알 수 있었다.

36쪽
- (예시) 실패라고 단정하지 않고, 성장의 기회라고 생각할 것이다. 강한 공을 막는 연습이 필요하다는 것을 알았으니, 이걸 중심으로 연습해야겠다.

37쪽
- (예시) 나의 애칭 : 똥글이
애칭의 뜻과 이유 : 부모님께서 동그란 얼굴이 귀엽다고 '똥글이'라고 부르신다.
- (예시) 나의 애칭 : 똑순이
애칭의 뜻과 이유 : 어떤 일이든 똑 부러지게 해내는 사람으로 보이고 싶다.

38쪽
- (예시) 줄어든 부정적인 감정 : 완벽해야 한다는 부담감, 늘어난 긍정적인 감정 : 자신을 사랑하는 마음
- (예시) 자아존중감 프로그램을 통해 무엇이든 완벽해야 한다고 생각하는 사람에서, '스스로 충분히

가치 있고 지금도 잘하고 있다'는 칭찬을 하는 사람
으로 바뀌었다.

4차시

42쪽
- 저는 장애가 있는 저 자신을 부끄러워하지 않았습
니다. 자신을 있는 그대로 받아들이면서, 노력한다
면 어떤 것이든 이룰 수 있다는 자아존중감을 가졌
지요. 긍정적인 자아존중감은 정말로 제가 모든 것
을 해낼 수 있게 했습니다.

43쪽
- ㉮ 시각, ㉯ 청각

44쪽
- (예시) 점자 컴퓨터로 공부하고, 스마트폰을 이용
해서 대화할 것이다.
- (예시) 나라면 어머니께 상처를 주고 싶지 않은 마
음이 더 커서 어머니와 함께 지냈을 것이다. 그리고
어머니와 공부하면서 앤 선생님이 필요하다고 천천
히 설득했을 것이다.

45쪽
- (예시) 라이프러리 이름 : 언제나 행복한 나!
오늘 있었던 일 : 발표를 성공적으로 마쳤다. / 오늘
느꼈던 감정 : 실수할까 봐 떨리고 불안했는데, 연습
한 대로 발표하고 나니 뿌듯했다.
지난주에 있었던 일 : 한 달 동안 미뤄 두었던 소설
책을 끝까지 다 읽었다. / 지난주에 느꼈던 감정 : 읽
는 속도가 느려서 답답했지만, 끝까지 읽어서 뿌듯
했고 내용도 감동적이었다.

지난달에 있었던 일 : 내 생일 파티를 했다. / 지난달
에 느꼈던 감정 : 친구들과 가족들의 축하를 받아서
정말 행복했다.
미래에 있을 일 : 유명한 소설가가 되어 있을 것이
다. / 미래에 느낄 감정 : 하루하루가 재미있고, 어떤
이야기를 쓸지 설렐 것이다.

46쪽
- (예시) 1. 나에 대한 부정적인 생각이 많이 사라졌
다.
2. 나를 있는 그대로 사랑하는 일이다.
3. 실패를 경험해도 긍정적으로 이겨낼 수 있으니, 계
속 도전해서 끝내 원하는 것을 얻을 수 있다.

세계 위인과 함께 해결하는 E-CLIP 미션 대탐험

학습 만화 《who?》의 세계 위인과 함께 미션을 해결하는
12권의 '감성적 창의 주도성' 향상 프로그램!

E-CLIP 구성

권	주제	각 권 대표 위인	이야기 속 위인
1	동기	알렉산더 플레밍	에이브러햄 링컨, 찰스 다윈, 레이철 카슨
2	인지	레이철 카슨	레오나르도 다빈치, 리처드 파인먼, 마리아 몬테소리
3	인지 심화	마리아 몬테소리	토머스 에디슨, 오리아나 팔라치, 루트비히 판 베토벤
4	동기 심화	루트비히 판 베토벤	마하트마 간디, 버지니아 울프, 정약용
5	몰입	정약용	하인리히 슐리만, 아멜리아 에어하트, 헬렌 켈러
6	자아존중감	헬렌 켈러	알베르트 슈바이처, 신사임당, 스티브 잡스
7	창의성	스티브 잡스	헬렌 켈러, 알렉산더 플레밍, 스티브 잡스
8	창의성 심화	알베르트 아인슈타인	스티브 잡스, 레이철 카슨, 알베르트 아인슈타인
9	감성	마더 테레사	알베르트 아인슈타인, 루트비히 판 베토벤, 마더 테레사
10	감성 심화	월트 디즈니	마더 테레사, 정약용, 월트 디즈니
11	사회성	세종 대왕	월트 디즈니, 마리아 몬테소리, 세종 대왕
12	사회성 심화	마하트마 간디	세종 대왕, 마하트마 간디

* E-CLIP / 대상 초등학교 전 학년 / 책 크기 200 X 260 / 각 권 쪽수 70쪽 내외
* who? / 대상 초등학교 전 학년 / 책 크기 188 X 255 / 각 권 쪽수 180쪽 내외